Illustrations : Christophe Géa

Edition : BoD - Books on Demand
12/14 rond-point des Champs Elysées
75008 Paris
Imprimé par BoD – Books on Demand, Norderstedt
ISBN : 9782322174775
Dépôt légal : juillet 2017

« Il est une bonne chose de lire des livres de citations, car les citations lorsqu'elles sont gravées dans la mémoire vous donnent de bonnes pensées. »

Winston Churchill

PROVERBES ET CITATIONS : IL Y EN AURA POUR TOUT LE MONDE !

Proverbes et citations pour ...

...CEUX QUI NE SONT JAMAIS RESPONSABLES ET TOUJOURS VICTIMES DES AUTRES ET OU DU SYSTÈME.

★

L'homme qui veut faire quelque chose trouve un moyen, celui qui ne veut rien faire cherche une excuse.
Proverbe arabe

★

Chacun a le droit à une deuxième chance, mais pas pour la même erreur.
Anonyme

★

Il faut choisir : être libre ou se reposer.
Thucydide (Ve siècle av. J.-C)

★

Qui ne peut pas dormir trouve son lit mal fait.
Proverbe français

★

Proverbes et citations pour ...

...CEUX QUI NE SONT JAMAIS RESPONSABLES ET TOUJOURS VICTIMES DES AUTRES ET OU DU SYSTÈME.

⭐

Le monde entier fût-il ligué contre toi, il ne peut te faire le quart du mal que tu te fais à toi même.
Proverbe turc

⭐

Qui fait deux fois naufrage accuse en vain Neptune.
Publilius Syrus (Ier siècle av. J.-C)

⭐

Ignorer est mal, ne pas se renseigner est pire.
Proverbe africain

⭐

La méchanceté s'apprend sans maître.
Publilius Syrus (Ier siècle av. J.-C)

⭐

Proverbes et citations pour ...

...CEUX QUI ONT VISION PESSIMISTE DE LA NATURE HUMAINE.

⭐

Le poisson ne voit pas l'hameçon, il ne voit que l'appât ; l'homme ne voit pas le péril, il ne voit que le profit.
Proverbe mandchou

⭐

L'expérience est une lanterne qui n'éclaire que celui qui la porte.
Proverbe français

⭐

L'expérience est une lanterne que l'on porte sur le dos et qui n'éclaire jamais que le chemin parcouru.
Confucius (551 - 479 av. J.-C.)

⭐

La fidélité se trouve au chenil.
Proverbe d'origine non identifiée

⭐

Proverbes et citations pour ...

...CEUX QUI ONT VISION PESSIMISTE DE LA NATURE HUMAINE.

⋆

Plus je connais les hommes, plus j'aime mon chien.
Pierre Desproges (1939-1988)

⋆

Quand le dernier arbre sera abattu, la dernière rivière empoisonnée, le dernier poisson capturé, alors le visage pâle s'apercevra que l'argent ne se mange pas.
Proverbe amérindien Cree

⋆

On ne lie pas les chiens avec des saucisses.
Proverbe belge

⋆

Une fois qu'on a mangé un diable, on en mangerait bien deux.
Proverbe belge de Wallonie

⋆

Proverbes et citations pour ...

...CEUX QUI ONT VISION PESSIMISTE DE LA NATURE HUMAINE.

★

Il y a toujours une guêpe pour piquer le visage
en pleurs.
Proverbe japonais

★

Je n'ai jamais voulu avoir d'enfants, de peur
de faire un petit soldat, un militaire, un
tueur. On n'est jamais sûr...
Arletty (1898 - 1992)

★

Ce qui m'effraie, ce n'est pas l'oppression des
méchants, c'est l'indifférence des bons. À la
fin, nous nous souviendrons non pas des mots
de nos ennemis, mais des silences de nos amis.
Les barricades sont les voix de ceux qu'on
n'entend pas.
Martin Luther King (1929-1968)

★

Proverbes et citations pour ...

...CEUX QUI ONT VISION PESSIMISTE DE LA NATURE HUMAINE.

★

Tout le monde est un génie. Mais si on juge un poisson sur sa capacité à grimper à un arbre, il passera sa vie à croire qu'il est stupide.
Albert Einstein (1879-1955)

★

La moitié de nos peurs sont sans fondement et l'autre moitié peu honorable.
Christian Nevell Bovee (1820-1904)

★

Celui dont le pied glisse montre le chemin à beaucoup.
Proverbe turc

★

Celui qui cherche un ami sans défaut reste sans ami.
Proverbe turc

★

Proverbes et citations pour ...

...LES RÉALISTES ET LES LUCIDES.

Les cimetières sont remplis de gens irremplaçables.
Alphonse Allais (1854-1905)

Proverbes et citations pour ...

...LES RÉALISTES ET LES LUCIDES.

Le verbe aimer est l'un des verbes les plus difficiles à conjuguer : son passé n'est pas simple,
son présent n'est qu'indicatif et son futur est toujours conditionnel.
Jean Cocteau (1889-1963)

Si tu veux savoir combien de gens te regretteront, plante ton doigt dans la mer, retire-le et regarde le trou.
Proverbe de marin

Le jeune en dormant guérit, le vieux se finit.
Proverbe espagnol

Proverbes et citations pour ...

...LES RÉALISTES ET LES LUCIDES.

★

Le pessimiste se plaint du vent,
l'optimiste espère qu'il va changer,
le réaliste ajuste ses voiles.
William Arthur Ward (1921-1994)

★

Le pessimisme est d'humeur, l'optimisme est de
volonté.
Alain (1868-1951)

★

L'expérience est le nom qu'on donne à ses
erreurs.
Oscar Wilde (1854-1900)

★

À navire rompu, tous les vents sont contraires.
Proverbe italien

★

Proverbes et citations pour ...

...LES RÉALISTES ET LES LUCIDES.

Aucun vernis à ongles ne rajeunit les vieilles mains.
Proverbe allemand

Le meilleur argument contre la démocratie est une conversation de cinq minutes avec l'électeur moyen.
Winston Churchill (1874-1965)

En eaux calmes, tout bateau a un bon capitaine.
Proverbe suédois

Proverbes et citations pour ...

...LES RÉALISTES ET LES LUCIDES.

★

Si tu fais société avec le boiteux, tu apprendras à boiter.
Plutarque (Ier siècle)

★

Argumenter avec des attardés, c'est comme jouer aux échecs contre un pigeon. Peu importe votre niveau, le pigeon va juste renverser toutes les pièces, déposer une fiente sur le plateau et se pavaner fièrement comme s'il avait gagné.
Auteur non identifié

★

Toute méchanceté a sa source dans la faiblesse.
Sénèque (IIème siècle av. J.C. - 65 ap. J.C.)

★

Proverbes et citations pour ...

... CEUX QUI NE FONT RIEN PAR PEUR D'ÉCHOUER.

★

Celui qui attend que tout danger soit écarté pour mettre les voiles, ne prendra jamais la mer.
Thomas Fuller (1608-1661)

★

Tout est difficile avant d'être simple.
Thomas Fuller (1608-1661)

★

Le trop d'attention qu'on a pour le danger fait le plus souvent qu'on y tombe.
Publilius Syrus (Ier siècle av. J.-C)

★

Le danger vient plus vite quand on le méprise.
Publilius Syrus (Ier siècle av. J.-C)

★

Proverbes et citations pour ...

... CEUX QUI NE FONT RIEN PAR PEUR D'ÉCHOUER.

★

Ce n'est pas parce que les choses sont difficiles que nous n'osons pas, c'est parce que nous n'osons pas qu'elles sont difficiles.
Sénèque (Ier siècle av. J.-C)

★

Souvent la peur d'un mal nous conduit dans un pire.
Nicolas Boileau (1636-1711)

★

Mieux vaut échouer avec honneur que réussir par fraude.
Sophocle (Ve siècle av. J.-C)

★

Proverbes et citations pour ...

... LA POSTERITÉ.

★

Plus il y a de lois et plus il y a de voleurs.
Lao-Tseu (VIe siècle av. J.-C)

★

La liberté consiste à pouvoir faire tout ce qui
ne nuit pas à autrui : ainsi, l'exercice des
droits naturels de chaque homme n'a de
bornes que celles qui assurent aux autres
Membres de la Société la jouissance de ces
mêmes droits. Ces bornes ne peuvent être
déterminées que par la Loi.
*Déclaration des droits de l'homme et du citoyen
de 1789*

★

Ma vraie gloire n'est pas d'avoir gagné
quarante batailles ; Waterloo effacera le
souvenir de tant de victoires ;
Ce que rien n'effacera, ce qui vivra
éternellement, c'est mon Code civil.
Napoléon (1769-1821)

★

Proverbes et citations pour …

… CEUX QUI PENSENT À L'INSTAR DE HOBBES ET DE PLAUTE QUE L'HOMME EST UN LOUP POUR L'HOMME.

★

La moitié d'un ami, c'est la moitié d'un traître.
Victor Hugo (1802-1885)

★

Fais du bien à Bertrand, il te le rendra en caguant.
(Fai de ben a Bertrand, te lo rendrà en cagant)
Proverbe provençal

★

Ne dis pas tes peines à autrui ; l'épervier et le vautour s'abattent sur le blessé qui gémit.
Proverbe arabe

★

Proverbes et citations pour ...

... CEUX QUI PENSENT À L'INSTAR DE HOBBES ET DE PLAUTE QUE L'HOMME EST UN LOUP POUR L'HOMME.

⭐

La moitié d'un ami, c'est la moitié d'un traître.
Victor Hugo (1802-1885)

⭐

Tout gredin rencontre un pire gredin.
Aristophane (Ve siècle av. J.-C)

⭐

Un gredin est exécuté par le suivant.
Anonyme (cité par Goethe)

⭐

La plupart des gens se refusent à tout, sauf à être ingrats.
Le Coran (Sourate 25, verset 50)

⭐

Proverbes et citations pour ...

... CEUX POUR QUI DIEU À LE DOS LARGE...

Ce ne sont pas vos croyances qui font de vous
une meilleure personne.
Ce sont vos actions !
Anonyme

La justice rendue pendant une heure vaut
mieux que la fréquentation des temples
pendant une année.
Henry St John (1678-1751)

Proverbes et citations pour …

… SE RAPPELER LE CÔTÉ OBSCUR DE CHACUN D'ENTRE VOUS.

⭐

On peut tout fuir sauf sa conscience.
Stefan Zweig (1881-1942)

⭐

C'est par piston qu'on entre au paradis. Si c'était au mérite, mon chien y entrerait et moi je resterais dehors.
Mark Twain (1835-1910)

⭐

Le monde est un grand bal où chacun est masqué.
Marquis de Vauvenargues (1715-1747)

⭐

Proverbes et citations pour ...

... LES MAUVAIS GARÇONS.

Proverbes et citations pour ...

... LES MAUVAIS GARÇONS.

★

S'il fallait étudier toutes les lois, on n'aurait pas le temps de les transgresser.
Johann Wolfgang Von Goethe (1749-1832)

★

Rien de plus monotone que la mer, pas étonnant que les pirates aient été si cruels.
James R. Lowell (1819-1891)

★

Une mauvaise réputation est un fardeau, léger à soulever, lourd à porter, difficile à déposer.
Hésiode (VIIe siècle av. J.-C)

★

Les conséquences de la colère sont beaucoup plus graves que ses causes.
Marc Aurèle (121 - 180)

★

Proverbes et citations pour ...

... LES MAUVAIS GARÇONS.

⭐

Agir dans la colère, c'est s'embarquer durant
la tempête.
Proverbe allemand

⭐

C'est un mauvais plan que celui qui ne peut
être modifié.
Publilius Syrus (Ier siècle av. J.-C)

⭐

Domine tes passions pour qu'elles ne te
dominent pas.
Publilius Syrus (Ier siècle av. J.-C)

⭐

Un gredin est exécuté par le suivant.
Anonyme (cité par Goethe)

⭐

Proverbes et citations pour ...

... LES MAUVAIS GARÇONS.

★

Les armes les plus sûres sont des instruments
du malheur.
Lao-Tseu (VIe siècle av. J.-C)

★

Vaincre la colère, c'est triompher de son plus
grand ennemi.
Publilius Syrus (Ier siècle av. J.-C)

★

Un fils qui fait verser des larmes à sa mère
peut seul les essuyer.
Proverbe chinois

★

L'impunité finit par être plus dommageable
aux méchants que le châtiment.
Proverbe turc

★

Proverbes et citations pour ...

... LES MAUVAIS GARÇONS.

L'homme accompli doit avoir passé trois ans
au collège, un an à l'université,
et deux ans en prison.
Proverbe russe

La liberté, c'est le droit de se discipliner soi-
même pour ne pas être discipliné par les
autres.
Montesquieu (1689-1755)

L'Homme : la seule espèce dont les mâles tuent
les femelles.
Françoise Héritier (1933-20XX)

Proverbes et citations pour ...

... SE RAPPELER QUE NOUS SOMMES RESPONSABLES DE NOTRE VIE.

★

On n'a pas d'autre maître que soi-même ; il faut que ce maître soit dur.
Jean Guéhenno (1890-1978)

★

Pardonne souvent à autrui, jamais à toi-même (Ignoscito saepe alteri, nunquam tibi).
Proverbe latin

★

L'archer est un modèle pour le sage ; quand il a manqué le centre de la cible, il s'en prend à lui-même.
Proverbe chinois

★

Plus tu exerces ta voix, mieux tu chanteras ; mais plus tu gémis, plus ton mal augmentera.
Proverbe indien

★

Proverbes et citations pour ...

... SE RAPPELER QUE NOUS SOMMES RESPONSABLES DE NOTRE VIE.

★

Le vœu fait dans la tempête est oublié dans le calme.
Thomas Fuller (1608-1661)

★

N'accuse point la mer à ton second naufrage.
Publilius Syrus (Ier siècle av. J. -C).

★

Personne ne sait de quoi il est capable avant d'avoir essayé.
Anonyme

★

Le sage se demande à lui-même la cause de ses fautes, l'insensé la demande aux autres.
Proverbe chinois

★

Proverbes et citations pour ...

... SE RAPPELER QUE NOUS SOMMES RESPONSABLES DE NOTRE VIE.

⭐

Le destin conduit celui qui consent et tire celui qui résiste.
Cléanthe (IIe siècle av. J.-C)

⭐

Paradoxe étrange : en m'acceptant tel que je suis, je me donne les moyens de changer.
Carl Rogers (1902-1987)

⭐

Qui pardonne une faute engage à en commettre d'autres.
Anonyme

⭐

On est rarement maître de se faire aimer, on l'est toujours de se faire estimer.
Bernard Le Bovier de Fontenelle (1657-1757)

⭐

Proverbes et citations pour ...

... LES FUMEURS.

Quand il lut quelque part que fumer pouvait provoquer le cancer, il arrêta de lire.
Kirwan (XXe siècle)

- Le tabac ne vous dérange pas ?
- Je l'ignore, monsieur.
Personne jusqu'à présent n'a osé fumer en ma présence.
Princesse de Metternich (1836-1921)

C'est facile d'arrêter de fumer, j'arrête 20 fois par jour.
Oscar Wilde (1854-1900)

Proverbes et citations pour ...

... CEUX QUI SAVENT DÉJÀ QU'ILS NE SAVENT RIEN, AUTREMENT DIT POUR LES « SAGES ».

Proverbes et citations pour ...

... CEUX QUI SAVENT DÉJÀ QU'ILS NE SAVENT RIEN, AUTREMENT DIT POUR LES « SAGES ».

★

On fait un livre de ce que l'on sait et une bibliothèque de ce que l'on ignore.
Anonyme

★

Vaincre la colère, c'est triompher de son plus grand ennemi.
Publilius Syrus (Ier siècle av. J.-C)

★

Écoute, sinon ta langue te rendra sourd.
Proverbe Cherokee

★

Ce que tu veux dire, dis-le demain.
Proverbe japonais

★

Il faut avoir beaucoup étudié pour savoir peu.
Montesquieu (1689-1755)

★

Proverbes et citations pour ...

... CEUX QUI SAVENT DÉJÀ QU'ILS NE SAVENT RIEN, AUTREMENT DIT POUR LES « SAGES ».

★

*Une seule hirondelle ne fait pas le printemps ;
un seul acte moral ne fait pas la vertu.*
Aristote (384-322 av. J.C)

★

*La liberté, c'est le droit de se discipliner soi-
même pour ne pas être discipliné par les
autres.*
Montesquieu (1689-1755)

★

*Croyez ceux qui cherchent la vérité, doutez de
ceux qui la trouvent.*
André Gide (1869-1951)

★

*L'homme sage apprend de ses erreurs.
L'homme plus sage apprend des erreurs des
autres.*
Proverbe français

★

Proverbes et citations pour ...

... CEUX QUI SAVENT DÉJÀ QU'ILS NE SAVENT RIEN, AUTREMENT DIT POUR LES « SAGES ».

★

Les secondes pensées sont les plus sages.
Euripide (Ve siècle av. J.-C)

★

Je ne suis pas assez jeune pour tout savoir.
James Matthew Barrie (1860-1937)

★

Le sot m'interpelle par toute sorte d'injure et je déteste lui offrir l'adversité. Il multiplie sa sottise et je multiplie ma douceur. Tel est le bois d'encens, plus on le brûle, plus il dégage son parfum.
Ash-Shâfi'î (767-820)

★

Proverbes et citations pour ...

... CEUX QUI SAVENT DÉJÀ QU'ILS NE SAVENT RIEN, AUTREMENT DIT POUR LES « SAGES ».

★

La colère est une pierre jetée dans un nid de guêpes.
Proverbe indien

★

Le plaisir de la vengeance ne dure qu'un instant, et la satisfaction que procure un bienfait dure toujours.
Proverbe espagnol

★

Demander ne coûte qu'un instant d'embarras, ne pas demander, c'est être embarrassé toute sa vie.
Proverbe japonais

★

Tout le monde est ignorant, sur des sujets différents.
Proverbe tibétain

★

Proverbes et citations pour …

… CEUX QUI SAVENT DÉJÀ QU'ILS NE SAVENT RIEN, AUTREMENT DIT POUR LES « SAGES ».

★

Qui s'instruit sans agir,
laboure sans semer.
Proverbe français

★

Il faut préparer en temps de paix
ce qui est indispensable en temps de guerre.
Anonyme

★

Pour connaître le chemin, interroge celui qui
en vient.
Proverbe chinois

★

Un peu de connaissances incite à la vanité,
abondance de connaissances incite à
l'humilité.
Proverbe philippin

★

Proverbes et citations pour ...

... SE PRÉSERVER DES IDIOTS ET SE PRÉOCUPPER DE SOI.

★

Apprends à écrire tes blessures dans le sable et
tes joies dans la pierre.
Lao-Tseu (IVe siècle av. J.-C)

★

Écrire, c'est une façon de parler sans être
interrompu.
Jules Renard (1864-1910)

★

Âne est celui qui se dispute avec l'âne.
Proverbe espagnol

★

On s'habitue toujours à ses infirmités, le plus
dur c'est d'y habituer les autres.
Comtesse d'Houdetot (1730-1813)

★

Proverbes et citations pour ...

... SE PRÉSERVER DES IDIOTS ET SE PRÉOCUPPER DE SOI.

★

L'autre n'a de pouvoir sur moi que celui que je lui donne.
Auteur non identifié

★

Quand je me regarde je m'inquiète, quand je me compare je me rassure.
Despo Rutti (1982 - 20XX)

★

Remercie chaque idiot que tu rencontres, car en observant tes réactions face à lui, tu apprendras à mieux te connaître et à devenir meilleur.
L'auteure de ce recueil

★

Proverbes et citations pour ...

... CEUX QUI CROIENT EN LA RESSOURCE HUMAINE.

⭐

Une joie partagée est une double joie. Un chagrin partagé est un demi-chagrin.
Jacques Deval (1890-1972)

⭐

Tout le monde savait que c'était impossible à faire. Puis un jour quelqu'un est arrivé qui ne le savait pas, et il l'a fait.
Winston Churchill (1874-1965)

⭐

Ce qu'on perd en faisant le bien n'est pas perdu.
Proverbe français

⭐

Si nous avons chacun un objet et que nous les échangeons, nous avons chacun un objet.
Si nous avons chacun une idée et que nous les échangeons, nous avons chacun deux idées.
Proverbe chinois

⭐

Proverbes et citations pour ...

... CEUX QUI CROIENT EN LA RESSOURCE HUMAINE.

★

Il n'y a pas d'effort inutile : Sisyphe se faisait
les muscles.
Roger Caillois (1913-1978)

★

On ne parle bien qu'avec le cœur.
Saint-Exupéry (1900-1944)

★

Chacun est à soi-même une bonne discipline,
pourvu qu'il ait la suffisance de s'épier de près.
Pline l'Ancien (Ier siècle)

★

Agir mal avec une bonne intention vaut
mieux que suivre la loi
avec une mauvaise intention.
Le Talmud

★

Un homme est ce qu'il est, non ce qu'il était.
Proverbe yiddish

★

Proverbes et citations pour ...

... CEUX QUI JOUENT LES GROS DURS POUR MIEUX MASQUER LEUR FRAGILITÉ.

Proverbes et citations pour ...

... CEUX QUI JOUENT LES GROS DURS POUR MIEUX MASQUER LEUR FRAGILITÉ.

★

Le courage des lâches se manifeste souvent avec une arme.
L'auteure de ce recueil

★

Celui qui sait ne parle pas. Celui qui parle ne sait pas.
Lao-Tseu (IVe siècle av. J.-C)

★

Le courage des lâches se manifeste souvent à plusieurs.
L'auteure de ce recueil

★

Je ne connais pas d'autres marques de supériorité que la bonté.
Ludwig van Beethoven (1770-1827)

★

Proverbes et citations pour ...

... CEUX QUI JOUENT LES GROS DURS POUR MIEUX MASQUER LEUR FRAGILITÉ.

★

Celui qui est craintif dans les bois se vante à la maison.
Proverbe thaïlandais

★

Le brin de paille se figure que c'est contre lui que la mer s'agite.
Proverbe persan

★

Les tyrans ne sont grands que parce que nous sommes à genoux.
Etienne de La Boétie (1530-1563)

★

Dans la colère, dis ce que tu as à dire...demain.
Proverbe japonais

★

Proverbes et citations pour ...

... CEUX QUI SONT OBLIGÉS D'Y METTRE LA MAIN POUR INTÉGRER QUE LE FEU, CA BRÛLE ET QUE C'EST DOULOUREUX.

★

L'expérience est une école onéreuse, mais les sots ne s'instruisent que là.
Benjamin Franklin (1706-1790)

★

Ne mettez pas sur le compte de la méchanceté ce qui s'explique amplement par l'incompétence.
Proverbe anglais

★

On peut violer les lois sans qu'elles crient.
Charles-Maurice de Talleyrand (1754-1838)

★

C'est lorsque la fontaine est tarie que l'on connaît ce qu'elle vaut.
Proverbe créole

★

Proverbes et citations pour ...

... CEUX QUI SE VOILENT LA FACE.

★

Qui ne peut pas dormir trouve son lit mal fait.
Proverbe français

★

Bien des gens acceptent de faire de grandes
choses. Peu se contentent de faire de petites
choses au quotidien.
Mère Teresa (1910-1997)

★

Il est facile de nager quand on vous tient le
menton.
Anonyme (XIIIe siècle)

★

Ce qu'on ne peut changer doit être enduré.
Publilius Syrus (Ier siècle av. J.-C)

★

Le chien détaché traîne encore son lien.
Perse (Ier siècle°)

★

Proverbes et citations pour...

... CEUX QUI SE VOILENT LA FACE.

★

Quand on vit au milieu des roses, on en prend malgré soi le parfum.
Proverbe russe

★

Il a beau prêcher le jeûne qui est rassasié (qui satur est pleno laudat jejunia).
Proverbe latin

★

Il n'y a pire donneur de leçon que celui qui appelle aux dons et qui ne donne pas.
L'auteure de ce recueil

★

Le voleur sans occasion de voler se croit honnête.
Le Talmud

★

Qui caresse l'ortie est vite piquée.
John Lyly (XVIe siècle)

★

Proverbes et citations pour ...

... CEUX QUI SE VOILENT LA FACE.

★

Ne mets pas le pied sur la queue de la vipère si tu ne veux pas qu'elle te morde.
Proverbe d'origine non identifiée

★

Celui qui a la tête en beurre ne doit pas s'approcher du four.
Proverbe chinois

★

Si vous ne voulez pas que le désordre règne autour de vous, n'empiétez pas sur les droits des autres.
Dôgen (XIIIe siècle)

★

Tu es le maître des paroles que tu n'as pas prononcées; tu es l'esclave de celles que tu laisses échapper.
Proverbe arabe

★

Proverbes et citations pour ...

... CEUX QUI SE VOILENT LA FACE.

★

Qui se venge d'un petit affront cherche à en recevoir de grands.
Proverbe chinois

★

À coucher avec les chiens, on se lève avec des puces.
Anonyme (XVIe siècle)

★

Dans une bouche close, il n'entre point de mouche.
Proverbe arabe

★

Celui qui passe la nuit dans la marre se réveille avec les grenouilles.
Proverbe berbère

★

Proverbes et citations pour ...

... CEUX QUI SE VOILENT LA FACE.

⭐

On peut arrêter une source avec un bâton,
mais lorsqu'elle est devenue fleuve, on ne peut
la traverser à dos d'éléphant.
Proverbe persan

⭐

Ne cherchez pas à échapper à l'inondation en
vous accrochant à la queue d'un tigre.
Proverbe chinois

⭐

Accepter, ce n'est pas se résigner, mais rien ne
vous fera perdre plus d'énergie que de résister
face à une situation que vous ne pouvez pas
changer.
Dalaï Lama (1935-20XX)

⭐

Proverbes et citations pour ...

... LES IMBÉCILES.

★

Les observations d'un sot apprennent jusqu'à quel degré de simplicité il faut descendre pour être compris de tous.
NAPOLÉON Ier (1769-1821)

★

Le con ne perd jamais son temps. Il perd celui des autres.
Frédéric Dard (1921-2000)

★

Écouter est une politesse qu'un homme d'esprit fait souvent à un sot mais que celui-ci ne rend jamais.
Adrien Decourcelle (1821-1892)

★

Toutes choses sont dites déjà; mais comme personne n'écoute, il faut toujours recommencer.
André Gide (1869-1951)

★

Proverbes et citations pour ...

... LES IMBÉCILES.

★

Tous les ans, il y a de plus en plus de cons.
Mais cette année, je crois
que les cons de l'année prochaine sont déjà là.
Patrick Timsit (1959-20XX)

★

Les Imbéciles : ceux qui ne pensent pas comme
vous.
Gustave Flaubert (1821-1880)

★

Quand on est intelligent, il est plus facile de
faire l'imbécile que l'inverse.
Woody Allen (1935-20XX)

★

La bêtise insiste toujours.
Albert Camus (1913-1960)

★

Il n'y a d'autre enfer pour l'homme que la
bêtise ou la méchanceté de ses semblables.
Donatien Alphonse François de Sade (1740-1814)

★

Proverbes et citations pour ...

... LES IMBÉCILES.

★

Comme il est difficile d'être intransigeant
sans être con.
Paul Carvel (1964-20XX)

★

J'ai divisé la société en deux catégories : mes
amis ou mes cons à moi et les cons des autres
que je ne supporte pas.
Michel Audiard (1920-1985)

★

Rien n'est humiliant comme de voir les sots
réussir dans les entreprises où l'on échoue.
Gustave Flaubert (1821-1880)

★

Il vaut mieux ne rien dire et passer pour un
con que l'ouvrir et ne laisser aucun doute à ce
sujet.
Jean Yann (1933-2003)

★

Proverbes et citations pour ...

... LES IMBÉCILES.

★

On peut arrêter une source avec un bâton,
mais lorsqu'elle est devenue fleuve, on ne peut
la traverser à dos d'éléphant.
Proverbe persan

★

Ne cherchez pas à échapper à l'inondation en
vous accrochant à la queue d'un tigre.
Proverbe chinois

★

C'est une grande misère que de ne pas avoir
assez d'esprit pour bien parler, ni assez de
jugement pour se taire.
La Bruyère (1645-1696)

★

Tolérance : c'est quand on connaît des cons et
qu'on ne dit pas les noms.
Pierre Doris (1919-2009)

★

Proverbes et citations pour ...

... CEUX POUR QUI, ENFONCER DES PORTES OUVERTES EST UNE ACTIVITÉ A PLEIN TEMPS.

⭐

Vieillir est encore le seul moyen qu'on ait trouvé pour vivre longtemps.
Sainte Beuve (1804-1869)

⭐

Si vous ne voulez pas qu'on le sache, mieux vaut encore ne pas le faire.
Proverbe chinois

⭐

Rien ne sert de se révolter contre les choses qu'on ne peut modifier.
L'auteure du présent recueil

⭐

Proverbes et citations pour ...

... CEUX QUI ATTENDENT QUE LA CHANCE LEUR SOURIT SANS FAIRE LE MOINDRE EFFORT.

⭐

C'est que la sagesse est un travail,
et que pour être seulement raisonnable,
il faut se donner beaucoup de mal,
tandis que pour faire des sottises,
il n'y a qu'à se laisser aller.
Alfred De Musset (1810-1857)

⭐

Le succès est d'avancer d'échec en échec sans
perdre l'enthousiasme.
Winston Churchill (1874-1965)

⭐

Qui craint de se mouiller
ne prendra pas de truite.
Proverbe espagnol

⭐

Proverbes et citations pour ...

... CEUX QUI ATTENDENT QUE LA CHANCE LEUR SOURIT SANS FAIRE LE MOINDRE EFFORT.

★

Ce n'est pas à force de dire « miel, miel » que la douceur vient à la bouche.
Proverbe turc

★

Les dieux aident ceux qui agissent.
Varron (Ier siècle av JC)

★

Ignorer est mal, ne pas se renseigner est pire.
Proverbe africain

★

Il y a bien des manières de ne pas réussir, mais la plus sûre est de ne jamais prendre de risques.
Benjamin Franklin (1706-1790)

★

Proverbes et citations pour ...

... CEUX QUI ATTENDENT QUE LA CHANCE LEUR SOURIT SANS FAIRE LE MOINDRE EFFORT.

★

La folie, c'est de se comporter de la même manière et s'attendre à un résultat différent.
Albert Einstein (1879-1955)

★

La figue ne tombe jamais en plein dans la bouche.
Proverbe kabyle

★

Plutôt que de se promener sur la rive et regarder le poisson d'un œil d'envie, mieux vaut rentrer chez soi et tisser un filet.
Proverbe arabe

★

Appuie-toi sur ta canne, non sur les autres gens.
Proverbe japonais

★

Proverbes et citations pour ...

... CEUX QUI PENSENT QUE LA JUSTICE EST À DEUX VITESSES.

⭐

Les lois sont comme les toiles d'araignée, qui prennent les moucherons mais laissent passer les guêpes et les frelons.
Jonathan Swift (1667-1745)

⭐

On accepte un mensonge de la bouche d'un homme digne de foi, et on refuse la vérité de la bouche d'un menteur avéré.
Proverbe d'origine non identifiée

⭐

Selon que vous serez puissant ou misérable, les jugements de cour vous rendront blanc ou noir.
Jean de La Fontaine (1621-1695)

⭐

Proverbes et citations pour ...

... CEUX QUI PENSENT QUE LA JUSTICE EST À DEUX VITESSES.

★

Les présents font la femme complaisante, le prêtre indulgent, et la loi souple.
Proverbe danois

★

Le monde flatte l'éléphant et piétine la fourmi.
Proverbe indien

★

Le bâton qui casse une fenêtre ne tue pas un chien.
Proverbe romanichel

★

Avec de l'argent, on fait parler les morts ; sans argent, on ne peut pas faire taire les muets.
Proverbe chinois

★

Proverbes et citations pour ...

... CEUX QUI ONT OUBLIÉ QUE LA FORCE D'UN ÊTRE HUMAIN SE MESURE DANS LES ÉPREUVES QU'IL TRAVERSE.

★

Par temps calme, n'importe qui peut gouverner un navire. (In tranquillo esse quisque gubernator potest)
Publilius Syrus (Ier siècle av. J.-C)

★

C'est pendant l'orage que l'on connaît le pilote.
Sénèque (Ier siècle av. J.-C)

★

La prospérité découvre nos vices et l'adversité nos vertus.
Francis Bacon (1909-1992)

★

Proverbes et citations pour ...

... CEUX QUI ONT OUBLIÉ QUE LA FORCE D'UN ÊTRE HUMAIN SE MESURE DANS LES ÉPREUVES QU'IL TRAVERSE.

Si tu te montres faible dans les jours de l'adversité, ta force n'est que faiblesse.
La Bible (livre des Proverbes)

En mer calme, tous sont pilotes.
Publilius Syrus (Ier siècle av. J.-C)

C'est dans la galère qu'on distingue le meilleur galérien.
L'auteure de ce recueil

Proverbes et citations pour ...

... LES JALOUX ET LES JALOUSES QUI ONT BESOIN DE TRAVAILLER SUR LEUR FAILLE NARCISSIQUE.

★

Si tu aimes une fleur, ne la cueille pas. Si tu la cueilles, elle meurt et elle arrête d'être ce que tu aimes. Alors si tu aimes une fleur, laisse la vivre. Tout simplement l'amour n'est pas une possession. L'amour, c'est apprécier ce qui est.
Osho (1931-1990)

★

Ne regarde rien comme avantageux pour toi qui puisse te faire perdre le respect de toi-même.
Marc Aurèle (IIe siècle)

★

Estimer quelqu'un,
c'est l'égaler à soi.
Jean de La Bruyère (1645-1696)

★

Proverbes et citations pour …

… LES JALOUX ET LES JALOUSES QUI ONT BESOIN DE TRAVAILLER SUR LEUR FAILLE NARCISSIQUE.

⭐

Plus on juge, moins on aime.
Honoré De Balzac (1799-1850)

⭐

La jalousie ne donne pas d'esprit, elle en ôte.
Honoré De Balzac (1799-1850)

⭐

La jalousie est le vice de la possession.
Jacques Chardonne (1884-1968)

⭐

Comme jaloux, je souffre quatre fois : je souffre
d'être exclu, d'être agressif, d'être fou et d'être
commun.
Roland Barthes (1915-1980)

⭐

Proverbes et citations pour ...

... LES JALOUX ET LES JALOUSES QUI ONT BESOIN DE TRAVAILLER SUR LEUR FAILLE NARCISSIQUE.

La jalousie n'est certainement pas un sentiment de l'amour.
Robert Morel (1922-1990)

Ma femme devint exaltée, baroque, soupçonneuse, violente.
Je l'ai vue se défaire sous mes yeux.
Aucun trait de la jeune fille qui m'avait plu ne subsista dans cette femme nouvelle.
Jacques Chardonne (1884-1968)

Proverbes et citations pour …

… LES FEMMES.

★

Ma femme, sans qui rien de ce qui a été fait n'aurait pu l'être.
Charles De Gaulle (1890-1970)

★

Personne n'est plus arrogant envers les femmes, plus agressif ou méprisant, qu'un homme inquiet pour sa virilité.
Simone de Beauvoir (1908-1986)

★

Quand une femme a tort, il faut commencer par lui demander pardon.
François de Croisset (1877-1937)

★

Nous avons tous grandi dans le corps d'une femme. Il nous reste forcément quelque chose de ces neuf mois de cohabitation.
L'auteure de ce recueil

★

Proverbes et citations pour...

... LES FEMMES.

Connaissant les hommes, je donne toujours
raison aux femmes.
José Cabanis (1922-2000)

Les femmes ne sont fausses que dans les pays où
les hommes sont tyrans ; la violence produit
forcément la ruse.
Bernardin de Saint Pierre (1731-1814)

Je suis un intellectuel. Ça m'agace qu'on fasse
de ce mot une insulte : les gens ont l'air de
croire que le vide de leur cerveau leur meuble
les couilles.
Simone de Beauvoir (1908-1986)

Proverbes et citations pour ...

... LES FEMMES.

★

N'oubliez jamais qu'il suffira d'une crise
politique, économique ou religieuse pour que
les droits des femmes soient remis en
question. Ces droits ne sont jamais acquis.
Vous devrez rester vigilantes votre vie durant.
Simone de Beauvoir (1908-1986)

★

Une femme libre est exactement le contraire
d'une femme légère.
Simone de Beauvoir (1908-1986)

★

La femme n'est victime d'aucune mystérieuse
fatalité : il ne faut pas conclure que ses
ovaires la condamnent à vivre éternellement
à genoux.
Simone de Beauvoir (1908-1986)

★

Proverbes et citations pour …

… LES MISANTHROPES.

Les amis font toujours plaisir, si ce n'est pas
quand ils arrivent,
c'est quand ils partent.
Alphonse Karr (1808-1890)

On ne peut pas traîner quelqu'un dans la
boue sans se salir un peu soi-même.
Proverbe français

Ceux que l'on raille valent peut-être mieux
que leurs railleurs.
Le Coran, Sourate 49, verset 11 (VIIᵉ siècle)

Proverbes et citations ...

... JUSTE LE FUN !

★

L'hérédité est un phénomène auquel un homme croit jusqu'à ce que son fils se conduise comme un idiot.
Anonyme

★

Le verbe aimer est l'un des verbes les plus difficiles à conjuguer :
son passé n'est pas simple,
son présent n'est qu'indicatif et son futur est toujours conditionnel.
Jean Cocteau (1889-1963)

★

Il ne faut jamais juger les gens sur leurs fréquentations. Tenez, Judas, par exemple, il avait des amis irréprochables.
Paul Verlaine (1844-1896)

★

Que Dieu bénisse celui qui abrège ses visites.
Proverbe arabe

★

Proverbes et citations ...

... JUSTE LE FUN !

★

L'adulte ne croit pas au père Noël. Il vote.
Pierre Desproges (1939-1988)

★

Le cheveu gris dit :
« je suis venu pour rester ».
Proverbe éthiopien

★

Je n'ai jamais eu de chagrin qu'une heure de
lecture n'ait dissipé.
Montesquieu (1689-1755)

★

C'est ça le problème avec la gnôle, songeai-je
en me servant un verre. S'il se passe un truc
moche, on boit pour essayer d'oublier, s'il se
passe un truc chouette, on boit pour le fêter, et
s'il ne se passe rien, on boit pour qu'il se passe
quelque chose.
Charles Bukowski (1920-1994)

★

Proverbes et citations ...

⭐

Le meilleur argument contre la démocratie
l'électeur moyen.
Winston Churchill (1874-1965)

⭐

Si ta femme, si ton mari te trompe, c'est qu'elle
a, ou qu'il a voulu être un peu plus heureux,
ou heureuse, et tu n'as pas le droit de l'en
punir.
Sacha Guitry (1885-1957)

⭐

Les honneurs, je les méprise, mais c'est mon
drame, je ne déteste pas forcément ce que je
méprise.
Jean d'Ormesson (1925- 20XX)

⭐

Passer pour un idiot aux yeux d'un imbécile
est une volupté de fin gourmet.
Georges Courteline (1858-1929)

⭐

Proverbes et citations pour ...

... LES INCOMPÉTENTS.

N'oubliez jamais que ce sont des
professionnels
qui ont construit le Titanic
et des amateurs l'Arche de Noé.
Anonyme

Une fois que le bateau a coulé, tout le
monde sait comment
on aurait pu le sauver.
Proverbe italien

Proverbes et citations pour ...

... LES GENS PRATIQUES, VOIRE OPPORTUNISTES.

★

N'insulte jamais un crocodile avant d'avoir
traversé la rivière.
Proverbe africain

★

Une fortune est toujours plus à l'abri dans une
tête que dans un sac.
Félix Leclerc (1914-1988)

★

Les gens réfléchissent trop à ce qu'ils doivent
faire et trop peu à ce qu'ils doivent être.
Maître Eckhart (1260-1328)

★

Proverbes et citations pour ...

... CEUX QUI SONT PERSUADÉS QU'ILS NE VERRONT JAMAIS LE BOUT DU TUNNEL.

⭐

À l'instant où l'esclave décide qu'il ne sera
plus esclave,
ses chaînes tombent.
Gandhi (1869-1948)

⭐

On écrit parce que personne n'écoute.
Georges Rochefort (époque non identifiée)

⭐

Celui qui a déplacé la montagne, c'est celui
qui a commencé par
enlever les petites pierres.
Proverbe chinois

⭐

Proverbes et citations pour ...

... CEUX QUI SONT PERSUADÉS QU'ILS NE VERRONT JAMAIS LE BOUT DU TUNNEL.

★

Il est plus facile de commencer que de finir.
Plaute (IIe siècle av. J.-C)

★

Tout paraît jaune à qui a la jaunisse.
Lucrèce (Ier siècle av. J.-C)

★

Ton pied te conduira où tu veux aller.
Le Talmud

★

Ce qui barre la route fait faire du chemin.
Jean de la Bruyère (1645-1696)

★

La bonne volonté raccourcit le chemin.
Proverbe brésilien

★

Proverbes et citations pour ...

... CEUX QUI PENSENT QUE LEUR DESTIN EST ÉCRIT ET QU'ILS NE POURRONT RIEN Y CHANGER.

⭐

Prie Dieu mais continue de nager vers le rivage.

Proverbe russe

⭐

Ignorer est mal, ne pas se renseigner est pire.

Proverbe africain

⭐

Nul n'est plus chanceux que celui qui croit à sa chance.

Proverbe allemand

⭐

Proverbes et citations pour …

… LES AMOUREUX.

★

J'appelle amour la plus haute façon d'être libre et de lutter contre la mort.
Marcel Arland (1899-1986)

★

Il y a un signe infaillible auquel on reconnaît qu'on aime quelqu'un d'amour, c'est quand son visage vous inspire plus de désir physique qu'aucune autre partie de son corps.
Michel Tournier (1924-2016)

★

En toi ce que je déteste, c'est le mal que je te fais.
Paul Géraldy (1885-1983)

★

Tous les hommes sont beaux quand ils regardent la femme qu'ils aiment.
Yvan Audouard (1914-2004)

★

Proverbes et citations pour ...

... LES AMOUREUX.

⭐

Aimer, c'est n'avoir plus droit au soleil de tout
le monde. On a le sien.
Marcel Jouhandeau (1888-1979)

⭐

Si j'avais su que je l'aimais tant, je l'aurais
aimé davantage.
Frédéric Dard (1921-2000)

⭐

Aimer, ce n'est pas se regarder
continuellement l'un l'autre, c'est regarder
tous deux dans la même direction.
Antoine De St Exupéry (1900-1944)

⭐

Quand on aime et qu'on est aimé, on est
au-dessus de tout.
Marceline Desbordes-Valmore (1786-1859)

⭐

Proverbes et citations pour ...

... LES PROCRASTINATEURS.

★

Reporte quelque chose d'un jour et dix autres jours passeront.
Proverbe coréen

★

Ne négocie pas le poisson qui est encore dans la rivière.
Proverbe indien

★

Celui qui commence beaucoup de choses n'en termine que très peu.
Proverbe indien

★

Toutes les fleurs de tous les lendemains sont dans les graines de l'aujourd'hui.
Proverbe indien

★

Proverbes et citations pour ...

... « LES PANIERS PERCÉS ».

★

Il coûte beaucoup de dépenser peu et peu de
dépenser beaucoup.
Proverbe thaïlandais

★

Si tu ne peux pas avoir ce que tu veux, résous-
toi à apprécier ce que tu as.
Proverbe malaisien

★

Qui limite son appétit évite les dettes.
Proverbe thaïlandais

★

De grands dépensiers
ne prêtent pas volontiers.
Proverbe français

★

Proverbes et citations pour …

★

Ne fais pas le compte de ce qui est perdu, mais de ce qui reste.
Proverbe malaisien

★

N'oublie jamais les services qu'on t'a rendus, si petits soient-ils.
Proverbe vietnamien

★

Ne vois pas d'un mauvais œil de vieillir, beaucoup n'ont pas ce privilège.
Proverbe malaisien

★

Proverbes et citations pour ...

... SE RAPPELER LES PRINCIPES DE LA PSYCHOLOGIE POSITIVE.

★

Remercie chaque idiot que tu rencontres, car en observant tes réactions face à lui, tu apprendras à mieux te connaître et à devenir une meilleure version de toi même.
L'auteure de ce recueil

★

La chose importante à garder en tête est qu'il ne faut jamais attendre une minute pour commencer à changer le monde.
Anne Frank (1929-1945)

★

Le pessimiste voit des difficultés dans chaque possibilité. L'optimiste voit des possibilités dans chaque difficulté.
Winston Churchill (1874-1965)

★

Proverbes et citations pour …

… SE RAPPELER LES PRINCIPES DE LA PSYCHOLOGIE POSITIVE.

★

Soyez vous-même le changement que vous voulez voir s'opérer dans le monde.
Mahatma Gandhi (1869-1948)

★

Ne laisse jamais quelqu'un venir à toi sans qu'il te quitte meilleur et plus heureux.
Mère Teresa (1910-1997)

★

Paradoxe étrange : en m'acceptant tel que je suis, je me donne les moyens de changer.
Carl Rogers (1902-1987)

★

Je m'intéresse à l'avenir, car c'est là que j'ai décidé de passer le reste de mes jours.
Woody Allen (1935-20XX)

★

Proverbes et citations pour ...

... CEUX QUI ONT LA CLASSE.

★

Toujours, toujours on peut donner,
ne serait-ce que de la bonté.
Anne Franck (1929-1945)

★   ★

C'est encore accorder quelque
chose que de refuser avec grâce.
Publilius Syrus (Ier siècle av. J.-C)

★

REMERCIEMENTS:

À Christophe Géa,
pour ses précieuses illustrations.